NOUVEAU SISTEME DE MUSIQUE.

OU

NOUVELLE DIVISION DU MONOCORDE,

DANS LAQUELLE ON DONNE

Les Raisons de tous les Intervalles de Musique par Rapport à l'Accord du Clavecin ordinaire.

Avec la Description & l'usage du SONOMETRE.

Instrument à Corde d'une nouvelle Invention, avec lequel toute personne, pour peu qu'elle ait d'oreille, pourra tres-bien & tres-facilement accorder le Clavecin.

Par M. LOULIE'.

A PARIS,
Par CHRISTOPHE BALLARD, seul Imprimeur du Roy pour la Musique, ruë Saint Jean de Beauvais, au Mont-Parnasse.

M. DC. XCVIII.

AVEC PRIVILEGE DE SA MAJESTE'.

NOUVEAU SISTEME DE MUSIQUE, OU NOUVELLE DIVISION DU MONOCORDE.

Ce que c'est que Sisteme de Musique.

SISTEME de Musique, est l'étenduë de l'Octave divisée en plusieurs intervalles. Comme cette étenduë peut être divisée de plusieurs manieres, il y a aussi plusieurs Sistemes; Les Anciens nous en ont laissé trois; Sçavoir,

Le Sisteme Diatonique.
Le Sisteme Chromatique.
Le Sisteme Enharmonique.

Le Sisteme Diatonique comprend les sons naturels, par lesquels l'étenduë de l'Octave est divisée en sept intervalles, sçavoir en cinq Tons & en deux Demi-Tons.

Le Sisteme Chromatique comprend les sons naturels & alterez, par lesquels l'étenduë de l'Octave est divisée en douze Demi-Tons.

Le Sisteme Enharmonique comprend les sons naturels & les sons alterez, & encore d'autres sons que les Musiciens appellent *Plaintes*, par lesquelles *Plaint* , les Demi-Tons sont divisez en de plus petits intervalles.

Les Anciens nous aussi laissé les Rapports des Sons de ces Sistemes, tels qu'ils les ont trouvez par les Divisions ordinaires du Monocorde.

Le Sisteme Diatonique des Anciens est propre pour le Plain-Chant, & pour les Airs où toutes les voix chantent la mesme chose, c'est à dire pour les Airs à une seule Partie; Il est tres-bon aussi pour l'harmonie qui se fait par les differentes Parties de la Trompette, & par les Bourdons de Vielles & de Musettes, de Tympanon de Psalterion, & pour les Jeux que les Facteurs d'Orgue appellent Jeux de fournitures.

Le Sisteme Enharmonique est tres-propre pour le Pathetique, & il est en usage dans la Musique Italienne qu'on appelle Sicilienne.

Le Sisteme Diatonique pur n'est pas si propre pour la Musique à plusieurs Parties differentes parce qu'il est trop simple, ny l'Enharmonique parce qu'il est trop composé.

Le Sisteme Chromatique est le plus propre pour la Musique à plusieurs Parties differentes ; mais on ne sçauroit s'en servir en gardant exactement le Rapport des Anciens : Il est aisé de s'en convaincre par l'Accord du Clavecin ou de l'Orgue ; car il est impossible d'accorder aucun de ces Instruments à moins qu'on ne baisse certains Sons, & qu'on n'en éleve d'autres de quelque chose de plus que dans le Sisteme des Anciens, ce qui en change le Rapport & constituë un nouveau Sisteme Cromatique.

C'est de ce nouveau Sisteme Cromatique dont je

prétens parler, & marquer quelle metode j'ay tenuë pour découvrir les Rapports des Sons qui en divisent l'étenduë en ses plus petits intervalles. On l'appelle Sisteme Temperé, parce que certains intervalles sont affoiblis & d'autres augmentez ; On l'appelle aussi Sisteme Nouveau pour le distinguer de l'ancien. On peut l'appeller Sisteme Harmonique, parce que c'est le seul dont on puisse se servir dans la Musique où il entre toute sorte d'Harmonie.

Quoy que le Monocorde soit un Instrument assez connu des personnes qui ont quelque teinture de la Theorie de la Musique, je ne laisseray pas d'en donner icy la Description en faveur de ceux qui pourroient ne le pas connoître, & ce d'autant plus volontiers que j'y ay ajoûté plusieurs choses qui en rendent les Experiences & plus seures & plus aisées.

Description du Monocorde.

LE Monocorde est un Instrument propre à faire des Experiences sur les sons ; Il est fait à peu prés comme une Epinette ou une caisse carrée, excepté qu'il est bien plus étroit. Le mien est long de trois pieds dix pouces, large de quatre pouces, haut de trois pouces ; on peut luy donner telle autre dimension qu'on veut. Il est couvert d'une Table de Sapin, le fond & les côtez sont aussi de Sapin.

A l'un des bouts est une pointe de fer enfoncée dans l'épaisseur du bord.

A quatre pouces six lignes de ce même bout est un Chevallet d'un pouce de long collé sur la Table.

A un pouce six lignes de l'autre bout est encore un autre Chevallet d'un pouce de long collé sur la Table.

On attache une corde de Leton à la pointe de fer, on la bande sur les deux Chevallets tant & si peu que l'on veut par le moyen de la Cheville de fer au tour de laquelle elle est entortillée ; La corde a trois pieds quatre pouces de longueur.

On peut mettre tant de cordes qu'on veut en augmentant le nombre des pointes & des chevilles & en tenant les Chevallets plus longs, & en donnant même plus de largeur au Monocorde.

Les deux Chevallets ont douze lignes de haut, & faits comme des triangles rectangles, & posez à angles droits en dedans.

Dans le corps de l'Instrument à quatre pouces du Chevallet de la pointe de fer, est pratiquée une Touche avec son Sautereau pour faire sonner la corde ; Si l'on met plusieurs cordes il faut mettre aussi plusieurs Touches & plusieurs Sautereaux à proportion.

Au dessous de la corde est une regle de Poirier ou d'un autre bois bien uni, longue d'un pied 11. pouces, épaisse de six lignes, & large de deux pouces six lignes, collée sur la Table, au pied du Chevallet de la cheville de fer.

Le long du milieu de cette Regle, qui répond précisément sous la corde, est creusée une rainure à queuë d'Ironde; de deux lignes de profondeur, large de 9. lignes, dans laquelle rainure entre juste & aisément une petite coulisse de 12. lignes de long, sur laquelle est collée une petite Regle longue de deux pouces six lignes, large de 12. lignes, épaisse de 4. lignes, en sorte qu'elle couvre entierement la petite coulisse, & que ses deux bouts battent sur les deux côtez de la grande Regle & soient à fleur de ses bords.

Le long de la petite Regle precisément dans le milieu, est encore creusé une rainure à queuë d'Ironde, de 1. $\frac{1}{2}$ ligne de profondeur, large de 3. lignes, dans laquelle rainure entre juste une petite coulisse de 4. lignes de long sur laquelle est collé un petit chevallet de 2. lignes de haut, fait en sorte que le coupant soit à plomb du bord de la petite Regle qui regarde le Sautereau.

La grande Regle ayant 6. lignes d'épaisseur, la petite Regle 4, le petit Chevallet 2. lignes de haut font 12. lignes, qui est precisément la hauteur des grands Chevallets fixes; de maniere que ce petit Chevallet qu'on appelle Mobile est au dessous & à fleur de la corde, laquelle peut être divisée à quel point l'on veut en coulant la petite Regle sur les bords de la grande rainure, sur chacun desquels bords est tracée une ou plusieurs lignes parallelles à la rainure, pour y pouvoir marquer toutes les divisions qu'on veut faire ;on les appelle à cause de cela Lignes de Division.

Quand on veut tirer le son de la corde entiere on retire le petit Chevallet de dessous la corde, & quand on veut la diviser on remet le petit Chevallet sous la corde, & on arrete la petite Regle à l'endroit où l'on veut faire la division.

On a un plomb d'une demie livre ou environ, fait comme la lettre minuscule n dont les deux jambes ont beaucoup d'assiette afin qu'il soit aisé à placer, il faut qu'il soit fait de maniere que quand il est posé il presse la corde contre le coupant du petit Chevallet sans la trop forcer, seulement pour l'empécher de friser & pour la faire mieux sonner.

On pose ce plomb sur la corde tout prés du coupant du petit Chevallet mobile du costé dont on ne tire point de son, & c'est ce qu'on appelle retrancher une partie de la corde. Par exemple, si j'arréte le Chevallet mobile precisément au milieu de la corde, elle sera divisée en deux parties égalles, & si je pose le plomb d'un côté, cette moitié de la corde dont je ne tire point de son sera retranchée de la corde entiere.

Nouvelle Division du Monocorde.

APrés avoir preparé le Monocorde, & apres avoir tendu une corde dessus, en sorte que j'en entende distinctement le son, & que je le puisse exprimer nettement avec le son le plus bas de ma voix; je porte ma voix de ce son le plus bas à des sons plus hauts, selon la maniere dont j'ay coûtume de la hausser, soit que cette maniere m'ait esté enseignée par la Nature, soit que je l'aye receuë de quelqu'autre.

Je donne au premier Son que je forme le nom d'UT, & aux autres, les autres noms receus des Musiciens selon l'ordre suivant,

Premier Son.	2^{e}	3^{e}	4^{e}	5^{e}	6^{e}	7^{e}	8^{e}
UT.	RE'.	MI.	FA.	SOL.	LA.	SI.	ut.

Je donne donc le nom d'UT au Son de la corde entiere.

J'ay soin, à chaque Son que je forme avec ma voix, de chercher avec le Chevallet mobile, l'endroit de la corde, où il faut l'arrester pour en tirer un Son à l'unisson de ma voix, & je marque cet endroit par une section que je fais sur les Lignes de Division. Je continuë ainsi jusqu'au Son le plus haut de ma voix ; j'examine en suite si j'ay bien marqué, & je cherche quelle raison ont les Sons qu'a formez ma voix les uns à l'égard des autres, de la maniére suivante.

Je divise la corde entiere en deux parties égalles; je retranche une de ces parties avec le Chevallet mobile, je trouve que le Son de la moitié de la corde est precisément ut huitiéme son de ma voix ; je juge par là que le premier Son UT est à l'égard du huitiéme ce qu'un tout est à l'égard de sa moitié, c'est à dire en Raison de 2. à 1.

Je divise la corde entiere en trois parties égalles; je retranche une de ces parties; je trouve que le son des deux tiers est Sol, cinquiéme son de ma voix: Je juge que le premier Son UT & SOL cinquiéme, sont en Raison de 3. á 2.

Je divise la corde entiere en quatre parties égalles, & je retranche une de ces parties ; le Son des trois quarts est FA, quatriéme Son de ma voix ; ainsi UT & FA sont en Raison de 4. à 3.

Je divise la corde entiere en cinq parties égalles, je retranche une de ces parties; le Son des quatre cinquiémes est precisément MI, troisiéme son de ma voix: ainsi UT & MI sont en Raison de 5. à 4.

Je divise la corde entiere en six parties égalles, je retranche une des parties; mais le Son des cinq sixiémes ne se trouve point au nombre de ceux qu'a formez ma voix; Je cherche la raison de ce défaut, & pour cela j'examine le Rapport des Sons que j'ay trouvez par les Divisions cy-dessus; je trouve que le troisiéme Son Mi, est au cinquiéme SOL en Raison de 6. à 5. je juge par là que cet intervalle peut être bon, mais qu'il y a maniere de le placer.

Voicy les Intervalles ou Rapports des Sons que j'ay trouvez par les Divisions cy-dessus. J'ay pris les nombres suivans pour éviter les fractions. Ainsi il faut supposer que la Corde entiere ait soixante Parties.

Premier	Son.	UT	60.	Corde entiere.
3e	Son.	MI	48.	$\frac{4}{5}$
4e	Son.	FA	45.	$\frac{3}{4}$
5e	Son.	SOL	40.	$\frac{2}{3}$
8e	Son.	ut	30.	$\frac{1}{2}$

Je continuë mes Observations, & je trouve que du FA à ut, c'est le même nombre de Sons & le même Rapport que d'UT à SOL. Car il y a trois Sons entre FA & ut, sçavoir SOL, LA, SI; Il y a pareillement trois Sons entre UT & SOL, sçavoir RE', MI, FA, & la Raison de FA 45. à ut 30. est de 3. à 2. Pareillement la Raison d'UT 60. à SOL 40. est de 3. à 2. je juge que l'Intervalle FA ut peut être divisé de la mesme maniere que l'Intervalle UT SOL, lequel se trouve divisé par le Son MI en deux plus petits Intervalles, sçavoir en UT MI & MI SOL, dont les Raisons sont 5. à 4. & de 6. à 5. Je divise donc l'Intervalle FA 45. à ut 30. en 5. à 4. & 6. à 5. ce qui se fait en multipliant 45. par 4. ou 30. par 6, ce qui est la mesme chose, & divisant le produit par 5. j'ay le sixiéme Son LA 36. qui joint avec les autres fait les six Sons suivans.

UT.	....	MI.	FA.	SOL.	LA.	....	ut.
60		48.	45.	40.	36.		30.

En continuant mes Observations, je trouve que du 1er Son UT au 4e Son FA, c'est le même Rapport & le même nombre de Sons que du SOL à ut; Car il y a deux Sons entre UT & FA, sçavoir RE' Mi; Pareillement entre SOL & ut il y a deux Sons, sçavoir LA & SI. De plus le 1r Son UT 60. est à FA 45. en Raison de 4. à 3. Pareillement SOL 40. est à ut 30. en Raison de 4. à 3. je juge que l'Intervalle SOL ut peut être divisé de la même maniere que l'Intervalle UT FA. Or l'Intervalle UT FA se trouve divisé par le Son MI en deux plus petits Intervalles, sçavoir en UT MI, & MI FA dont les Raisons sont de 5. à 4. & 16. à 15. Je divise donc l'Intervalle SOL 40. à ut 30. en 5. à 4. & 16. à 15. ce qui se fait comme cy-dessus en multipliant 40. par 4. & divisant le produit par 5 j'ay les sept Sons suivans.

UT	....	MI.	FA.	SOL.	LA.	SI.	ut.
60.	....	48.	45.	40.	36.	32.	30.

Je remarque enfin que l'Intervalle de SOL à Si est en mesme Raison que l'Intervalle d'UT à MI; Or l'Intervalle de SOL à Si est divisé par le Son LA en SOL LA & LA SI; dont les Raisons sont de 10. à 9. & 9. à 8. Je divise donc l'Intervalle UT 60. à MI 48. en 10. à 9. & 9. à 8. ce qui se fait en multipliant 60. par 9. & divisant le produit par 10. j'ay les huit Sons suivans à qui les Musiciens, comme j'ay dit, ont donné les noms d'Ut, Ré, Mi, Fa, Sol, La, Si, ut.

Ces huit Sons ainsi disposez est ce que l'on appelle Sisteme Diatonique, on les appelle Sons naturels; & le Rapport de l'un à l'autre, Intervalle naturel. J'ay continué ces Sons jusqu'au 17e parce que j'en auray besoin.

60.	54.	48.	45.	40.	36.	32.	30.	27.	24.
UT.	RE'.	MI.	FA.	SOL.	LA.	SI.	ut.	ré.	mi.

22. $\frac{1}{2}$	20.	18.	16.	15.	13 $\frac{1}{2}$	12.
fa.	sol.	la.	si.	ut.	ré.	mi.

Les Sons qui sont au dessus du 8e se trouvent en divisant la moitié de la corde comme j'ay divisé la corde entiere.

L'Intervalle d'un de ces Sons à celui qui le suit immediatement s'appelle Seconde, comme UT RE, MI FA.

L'Intervalle d'un de ces Sons à un troisiéme s'appelle Tierce, comme UT MI, RE' FA. Ainsi des autres, qui se nomment Quarte, Quinte, Sixte, Septiéme, Octave, Neuviéme, &c. selon que les deux Sons sont plus éloignez l'un de l'autre.

En examinant les Raisons de tous ces Intervalles je trouve que toutes les Secondes ne sont pas dans les mesmes Raisons, ny les Tierces; ny enfin tous les autres Intervalles de mesme genre, & qu'il n'y a que les Octaves qui soient toûjours de 2. à 1.

RAISONS ou RAPPORTS des Intervalles du Sisteme Diatonique des Anciens.

Les Secondes.	MI FA, SI ut. ſont en Raiſon.	16 à 15
Les Secondes.	UT RE', SOL LA.	10 à 9
Les Secondes.	RE' MI, FA SOL, LA SI.	9 à 8
Les Tierces.	RE' FA, MI SOL, LA ut.	6 à 5
Les Tierces.	UT MI, FA LA, SOL SI.	5 à 4
La Tierce.	SI ré.	32 à 27
Les Quartes.	UT FA, MI LA, SOL ut, LA ré, SI mi.	4 à 3
La Quarte.	RE' SOL.	27 à 20
La Quarte.	FA SI.	45 à 32
Les Quintes.	UT SOL, RE LA, MI SI, FA ut LA mi.	3 à 2
La Quinte.	SOL ré.	40 à 27
La Quinte.	SI fa.	64 à 45
Les Sextes.	UT LA, SOL mi, FA ré.	5 à 3
Les Sextes.	MI ut, LA fa, SI ſol.	8 à 5
La Sexte.	RE' SI.	27 à 16
Les Septiémes.	FA mi, UT SI.	15 à 8
Les Septiémes.	RE' ut; LA ſol.	9 à 5
Les Septiémes.	MI ré, SOL fa, SI la.	16 à 9
Toutes les Octaves.		2 à 1

Les Secondes qui ſont en Raiſon de 16. à 15. s'appellent Secondes Mineures, ou Demi-Tons.

Les autres Secondes s'appellent Secondes Majeures ou Tons.

Les Tierces où entre le Demi-Ton, s'appellent Tierces Mineures, les autres Majeures.

Les Sextes & les Septiémes où entre les deux Demi-Tons, s'appellent Mineures; Celles où il n'en entre qu'un s'appellent Majeures.

Les Quartes & Quintes où entre un Demi-Ton, s'appellent Bonnes.

La Quarte où il n'entre aucun Demi-Ton, s'appelle Quarte fauſſe, ou Quarte majeure, ou Triton, FA SI.

La Quinte où entrent les deux Demi-Tons, s'appelle Quinte Mineure ou fauſſe Quinte, SI, fa.

J'examine en ſuite les Sons que j'ay trouvez par les differentes manieres de diviſer la Corde & les Sons qu'a formez ma voix, & j'en compare les Intervalles des uns aux autres.

Je trouve que les Octaves qu'a formées ma voix, auſſi bien que celles que j'ay trouvées par les Diviſions ſont toutes de 2. à 1. Les quinziémes par conſequent doivent étre en raiſon de 4. à 1.

Je trouve auſſi que les Tierces Majeures de ma voix & des Diviſions ſont toutes en Raiſon de 5. à 4. Les Dixiémes Majeures par conſequent de 5. à 2. & les Dixſeptiémes Majeures en raiſon de 5. à 1.

J'examine les autres Intervalles, j'y trouve une difference conſiderable; mais ſans m'arréter à pluſieurs dont les Sons ne ſont pas en meſme Raiſon, je viens à la Quinte SOL ré qui eſt de 40. à 27; mon oreille la trouve tres-mauvaiſe & ne peut s'en accommoder.

J'examine avec le Monocorde, les Quintes UT SOL,

& SOL ré qu'à formées ma voix, elles me paroissent égalles; je juge qu'il y a un deffaut dans le Sisteme des Sons que j'ay trouvez par la Division, & que je ne dois point admettre de Quinte en Raison de 40. à 27. puis que ma voix ne la forme en aucun endroit, & que mon oreille ne la sçauroit souffrir.

J'essaye donc à mettre la Quinte SOL ré & toutes les autres, en Raison de 3. à 2. & pour cela j'éleve le ré 27. de l'Intervalle 81. à 80. qui est ce qui manque à la Quinte SOL ré pour être en Raison de 3. à 2. j'éleve encore le mi 12. afin que les Quintes UT SOL, SOL ré, ré la, la mi, soient toutes en Raison de 3. à 2. j'éleve le MI 54. parce qu'il doit être avec le mi 12. en Raison de 4. à 1.

Mais la Tierce Majeure UT MI que j'ay trouvée & par ma voix & par les Divisions devoir être justement de 5. à 4. n'est plus dans cette raison; elle se trouve être plus grande de 81. à 80. ma voix a de la peine à la former, & mon oreille la trouve tres-mauvaise

Je remarque que cet excés de 81. à 80. s'est formé par l'addition des quatre Quintes UT SOL, SOL ré, ré la, la mi, que j'avois mises toutes de 3. à 2. & qu'ainsi elles sont chacune trop grandes du quart de 81. à 80. j'ôte donc de chaque Quinte cy dessus de 3. à 2. un quart de 81. à 80; ces mesmes quatre Quintes ainsi diminuées ajoûtées ensemble, doivent former un Intervalle juste de 5. à 1. c'est à dire la Dix-septiéme Majeure, UT mi.

Je suppose donc que toutes les Quintes sont en Raison de 3. à 2. moins le quart de 81. à 80. & voicy comme je m'y prens.

Je conçois le petit Intervalle 81. à 80. comme se pouvant diviser en quatre autre plus petits Intervalles, dont chacun est précisément le quart de 81. à 80.

L'Intervalle de 81 à 80. se divise en deux en doublant les deux Termes & prenant le milieu arithmetique.

162. 161. 160.

Les deux Intervalles 162. 161. & 161. 160. se divisent chacun en deux en doublant pareillement les Termes & prenant les milieus Arithmetiques, & forment les quatre autres petits Intervalles suivans.

324. 323. 322. 321. 320

Voicy donc tous les Sons naturels déterminez selon le Sisteme Diatonique temperé.

Je marque le quart de 81. à 80. en fraction ainsi $\frac{1}{4}$ ou un quart, le plus par une petite croix, ou ainsi pl. le moins par un petit trait —, ou ainsi mo.

La Table suivante est composée de cinq colomnes, & chaque colomne contient huit cellules disposées les unes au dessus des autres.

La premiere colomne contient les noms des Sons UT RE', &c.

La 2. colomne contient les nombres qui représentent les Sons du Sisteme Diatonique ancien.

La 3. colomne contient les mesmes nombres, avec le temperemment par plus & par moins.

Dans quelques cellules de la quatriéme colomne sont écrits ces mots, *Ancien*, , *Temperé*.

Dans quelques cellules de la cinquiéme colomne, sont trois nombres, Celuy à costé duquel est écrit *Ancien*, est le nombre ancien; celuy à costé duquel est écrit *Temperé* est le nombre temperé; le troisiéme est éloigné de l'ancien de 81. à 80.

Cette explication servira pour l'intelligence de deux autres Tables qui sont aprés, ainsi je ne les expliquerai pas.

TABLE

TABLE DES SONS NATURELS
OU
SISTEME DIATONIQUE.

	Ancien.	Temperé. Par plus Et par moins.	Par nombres.	
ut	30	30		10800.
SI	32	32 + $\frac{1}{4}$ de 81. á 80.	Ancien. Temperé.	11520. 11556. 11664.
LA	36	36 — $\frac{1}{4}$	Temperé. Ancien.	12800. 12920. 12960.
SOL	40	40 + $\frac{1}{4}$	Ancien. Temperé.	14400. 14445. 14580.
FA	45	45 — $\frac{1}{4}$	Temperé. Ancien.	16000. 16150. 16200.
MI	48	48		17280.
RE'	54	54 — $\frac{2}{4}$	Temperé. Ancien.	19200. 19320. 19440.
UT	60	60		21600.

Dans le Sisteme Temperé cy-dessus, il ne faut pas retrancher une si grande portion de la Corde entiere 60. pour avoir le Son SOL, que dans le Sisteme Ancien. Ainsi la Portion de la Corde dont on tire le Son SOL est 40. plus le quart de 81. à 80.

Mais le Son UT & le Son SOL estant moins éloignez du quart de 81. à 80. ils sont en raison de 60. à 40. c'est à dire en Raison de 3. à 2. — $\frac{1}{4}$ de 81. à 80. Ainsi des autres.

Dans ce Sisteme Temperé, tous les Intervalles de même espece sont en mesme Raison; par exemple toutes les Tierces majeures sont de 5. à 4. toutes les Quintes bonnes sont en raison de 3. à 2 — $\frac{1}{4}$.

RAISONS DES INTERVALLES DU SISTEME Diatonique Temperé cy-dessus.

Les Secondes-Min.	16 à 15 + $\frac{1}{4}$	
Les Secondes Maj.	10 à 9 + $\frac{2}{4}$	ou 9 à 8 — $\frac{2}{4}$
Les Tierces Min.	6 à 5 — $\frac{1}{4}$	ou 32 à 27 + $\frac{3}{4}$
Les Tierces Maj.	5 à 4	
Les Quartes bonnes.	4 à 3 + $\frac{1}{4}$	ou 27 à 20 — $\frac{3}{4}$
La Quarte Maj.	45 à 32 — $\frac{2}{4}$	
La Quinte Min.	64 à 45 + $\frac{2}{4}$	
La Quinte bonne.	3 à 2 — $\frac{1}{4}$	ou 40 à 27 + $\frac{3}{4}$
La Sexte Mineure.	8 à 5	
La Sexte Majeure.	5 à 3 + $\frac{1}{4}$	ou 27 à 16 — $\frac{3}{4}$
La Septiéme Min.	9 à 5 — $\frac{2}{4}$	ou 16 à 9 + $\frac{2}{4}$
La Septiéme Maj.	15 à 8 — $\frac{1}{4}$	
L'Octave.	2 à 1	

Aprés avoir déterminé les Sons Naturels, & aprés en avoir marqué les Raisons ou Rapports, je divise le Monocorde selon ces mesmes Raisons de la maniere suivante.

METHODE

Pour trouver sur le Monocorde, les Sons du Sisteme Diatonique Temperé cy-dessus.

Soit la corde AB 60. sonnant UT — UT

La moitié CB 30. sonne ut Octave d'UT. — ut

Les $\frac{4}{5}$ DB sonnent MI. — MI

Je retranche $\frac{1}{10}$ d'AB par la section E.

Je retranche $\frac{1}{9}$ d'AB par la section F,

Je retranche d'EB $\frac{1}{2}$ de EF par G.

J'ay la corde GB 54. — $\frac{2}{4}$ de 81. à 80. sonnant — RE

Je retranche $\frac{1}{4}$ de EB par H.

Je retranche $\frac{1}{4}$ d'FB par J.

Je retranche d'HB les $\frac{3}{4}$ d'HJ par K.

J'ay KB 40. + $\frac{1}{4}$ sonnant SOL. — SOL

Je retranche $\frac{1}{3}$ d'EB par L.

Je retranche $\frac{1}{3}$ d'FB par M.

Je retranche d'LB, $\frac{1}{4}$ de LM par N.

J'ay NB 36 — $\frac{1}{4}$ sonnant LA. — LA

J'adjoûte $\frac{1}{4}$ à NB par O.

J'ay OB 45 — $\frac{1}{4}$ sonnant FA. — FA

Je retranche $\frac{1}{5}$ de KB par P.

J'ay PB 32. + $\frac{1}{4}$ sonnant SI. — SI

Je prens le milieu de GB par Q.

J'ay QB 27. — $\frac{2}{4}$ sonnant ré. — ré

Je remarque que la Division cy-dessus n'est pas Geometrique, & que tous les Intervalles de mesme espece ne sont plus precisément dans les mesmes Raisons ; par exemple que le Ton UT RE' est de 10. à 9. plus 162. à 161. & que le Ton RE' MI est de 9. à 8. moins 161. à 160. & qu ainsi celuy-cy est plus grand que l'autre de 25921. à 25920.

Je remarque aussi que cette difference, quoy que tres-petite, peut estre sensible dans les Sons qui doivent être à l'Unisson, ou à l'Octave l'un de l'autre ; car l'oreille là-dessus est d'une précision qui passe l'imagination, & qu'il se peut faire aussi que cette difference ne soit pas sensible dans les Intervalles, comme d'une Seconde à une Seconde ; pour m'en assurer je sonne tous les Sons les uns aprés les autres, quelque application que j'apporte, je ne sçaurois sentir, de deux Intervalles de mesme espece de cette Division, qu'on peut appeller Geometrique, lequel est le plus fort & lequel est le plus foible. Ainsi je les suppose parfaitement égaux, comme si la Division estoit Geometrique.

Aprés avoir divisé le Monocorde selon les Raisons cy-dessus, je cherche à comparer chaque Son à chacun des autres, en les combinant en autant de manieres qu'il est possible, afin d'en connoître & d'en sentir tous les Rapports, & pour cet effet j'accorde quinze cordes sur un Clavecin.

La premiere à l'unisson de l'UT 60.

La seconde à l'Unisson de RE' 54. — $\frac{2}{4}$

La troisiéme, &c.

La 15e à l'Unisson de l'ut 15.

En suite je sonne l'Ut & le RE' ensemble, l'UT & le MI, l'UT & le FA, ainsi jusqu'à l'Octave d'UT.

Je ſonne le RE' & le MI enſemble, le RE' & le FA, &c. ainſi juqu'à l'Octave de RE, j'en fais autant ſur toutes les cordes: Voicy ce qui me paroît de toutes ces combinaiſons.

Je trouve que la 2e mineure, la 2e majeure, la 4e maj. la 5e min. la 7e min. la 7e maj. ſont des-agreables à mon oreille, les unes plus, les autres moins.

Je trouve que la 3e min. la 3e maj. la 4. la 5 la 6e min. la 6e maj. & l'Octave, ſont agreables, les unes plus, les autres moins.

Mais afin d'étre plus ſeur ſi ce qui paroît à mon oreille ſur les cordes vient de la choſe, ou de l'habitude où l'on m'a élevé de trouver de certains mélanges de Sons agreables, & d'en trouver d'autres mauvais, j'accorde quinze tuyaux de Flûtes ou de Bourdon à l'Uniſſon de mes quinze cordes, chacun à la ſienne; je compare le Son de ces tuyaux de deux en deux comme j'ay fait les cordes.

Je remarque que les mélanges de deux Sons que j'ay trouvez des-agreables ſur les cordes le ſont encore plus ſur les tuyaux, & que les uns font ſentir des battemens ou ſecouſſes ſi rudes que mon oreille en eſt bleſſée, d'autres moins rudes.

Je remarque que les mélanges de deux Sons que j'ay trouvez agreables ſur les cordes, le ſont encore plus ſur les tuyaux, particulierement l'Octave & la Tierce majeure; Que la Quinte & la Quarte font ſentir un battement lent & preſque imperceptible qui ne déplaît pas à l'oreille. Ce battement vient du quart de 81. à 80. que j'ay oſté de la Quinte & que j'ay adjoûté à la Quarte.

En ſuite je ſonne enſemble les tuyaux dont le mélange des Sons me paroît agreable, je trouve que,

Le Mélange d'UT MI SOL ut, est tres-agreable.

Le Mélange d'UT FA LA ut, est agreable.

Le Mélange de RE' FA LA ré, est fort agreable.

Le Mélange de RE' SOL SI ré, est agreable.

En continuant cette experience, je trouve que FA n'a point de Quarte bonne, parce que le SI est trop haut ; j'adjoûte un tuyau avec qui le FA au dessous sonne la Quarte en Raison de 4. à 3. pl. $\frac{1}{4}$, ce qui se fait sur le Monocorde en adjoûtant un quart à la corde ré QB 27. mo. $\frac{2}{4}$ j'ay

Le Mélange FA SI baissé, ré fa agreable.

Je trouve pareillement que le SI n'a point de bonne Quinte, parce que le fa est trop bas, j'adjoûte un tuyau avec qui le SI au dessous sonne la Quinte en Raison de 3. à 2. mo. $\frac{1}{4}$ ce qui se fait sur le Monocorde en retranchant $\frac{1}{5}$ de ré QB, j'ay

Le Mélange SI ré fa haussé, si, agreable.

J'examine avec ma voix ces Sons adjoûtez, ma voix passe aisément du fa naturel au fa haussé, & de celuy-cy au sol, & mon oreille trouve ces transitions agreables.

J'examine pareillement le SI baissé, ma voix, & mon oreille les approuvent fort.

J'examine en suite ces deux Sons adjoûtez par rapport aux Sons naturels, je trouve que le SI baissé partage le Ton LA SI en deux plus petits Intervalles, & je trouve que le Fa haussé partage le Ton FA SOL pareillement en deux plus petits Intervalles.

Cela me fait juger que les autres Tons UT RE', RE' MI, & SOL LA, qui sont tous dans la mesme Raison que ces deux premiers, peuvent être aussi divisez de la mesme maniere.

J'ay remarqué en cherchant les raisons des Intervalles naturels, que la Quarte UT FA est divisée précisément de la mesme maniere que la Quarte SOL ut, cela me fait penser que le changement qui arrive dans l'un des Sons de l'une de ces Quartes peut arriver aussi dans le Son de l'autre Quarte qui y répond.

Or je viens de trouver que le FA quatriéme Son de la Quarte UT FA, peut estre haussé, par consequent ut quatriéme Son de la Quarte SOL ut le peut estre aussi : Et puisque le Son UT premier Son de la Quarte UT FA peut estre haussé, SOL premier Son de la Quarte SOL ut le peut estre aussi.

Par le mesme raisonnement ; puisque le SI troisiéme Son de la Quarte SOL ut peut estre baissé, MI troisiéme Son de la Quarte UT FA le peut estre aussi.

J'ay donc cinq Sons nouveaux; sçavoir FA haussé, UT haussé, & SOL haussé, SI baissé & MI baissé, par le moyen desquels chaque Ton est divisé en 2. petits Intervalles, dont je ne sçay pas encor les Raisons.

Les Sons Haussez s'appellent Diésez, & se marquent par ce caractere ✕ qu'on appelle Diése. Les Sons Baissez s'appellent Bemolisez, & se marquent par ce caractere ♭ qu'on appelle Bemol.

La Quinte SI fa haussé est en raison de 3 à 2 moins un quart, & la Quinte mineure SI fa naturel, est en Raison de 64 à 45 plus deux quarts, laquelle raison ostée de la premiere, reste 135 à 128 mo. trois quarts, ou 25 à 24 pl. un quart, qui est l'Intervalle de fa naturel à fa haussé.

Voicy comment; 135 à 128 mo. trois quarts, est égal à 25 24. pl. un qu. j'ajoûte à 135 128 mo. trois qu. la Raison 81 à 80. J'ay 135 128 plus un qu. égal à 135 128 mo. trois quarts pl. 81 à 80 : J'oste de 135 128 pl. un qu. La Raison 81 à 80. par la Multiplication en croix, j'ay 10800. 10368.

pl. un qu. égal à 135. 128. mo. trois qu. ou par reduction à moindres termes.

25. 24. pl. un qu. égal à 135 128. mo. trois qu.

J'oste 25. 24. pl. un qu. du Ton 10 à 9. pl. deux qu. reste 16. à 15 pl. un qu. qui est la Raison du fa haussé au sol naturel, & la mesme Raison du Demi-Ton naturel.

On peut faire le même raisonnement & le même calcul à l'égard des autres Tons.

On appelle Demi-Ton mineur, le plus petit de ces deux Intervalles; l'autre, comme il a esté dit, s'appelle Demi-Ton majeur.

SISTEME CHROMATIQUE Temperé.

ut 450.
SI 480. pl. un quart de 81. à 80.
SI ♭ 500. pl. deux qu.
LA 540. moins un qu.
SOL ✕ 576.
SOL 600. pl. un qu.
FA ✕ 648. mo. deux qu.
FA 675. mo. un qu.
MI 720.
MI ♭ 750. pl. un qu.
RE' 810. mo. deux qu.
UT ✕ 864. mo. un qu.
UT 900.

Si l'on veut avoir le nombre de chaque Son avec son Temperamment, en nombres entiers, il faut multiplier le nombre Ancien par 864.

Si le Temperamment est par plus. divisez le produit par 80. divisez le quotient par le Dénominateur du Temperamment, multipliez ce deuxiéme quotient par le Numerateur, adjoûtez le produit de cette seconde multiplication au produit de la premiere, la somme des deux produits est le nombre temperé.

Si le Temperamment est par moins, divisez le produit par 81. divisez le quotient par le Dénominateur du Temperamment, multipliez ce deuxiéme quotient par le Numerateur, ostez le produit de cette deuxiéme multiplication du produit de la premiere, le reste est le nombre temperé.

J'ay donné cy-devant les Raisons ou Rapports des Intervalles du Sisteme Diatonique Temperé, avec la maniere de le trouver sur le Monocorde : voicy les

Raisons des Intervalles Diminuez & Superflus du Sisteme Chromatique Temperé cy-dessus.

Intervalles Diminuez, sont ceux qui ont un Demi-Ton min. moins que les Intervalles mineurs de mesme espece.

Intervalles Superflus, sont ceux qui ont un Demi-Ton mineur plus que les Intervalles majeurs de méme espece.

Demi-Ton min. 25. à 24. pl. un quart de 81. à 80.
Seconde Superfl. 75. à 64. moins un qu.
Tierce Dimin. 256. à 225. pl. deux qu.
Tierce Superf. 125. à 96. pl. un qu.
Quarte Dimin. 32. à 25.
Quinte Superf. 25. à 16.
Sexte Dimin. 192. à 125. mo. un qu.
Sexte Superf. 225. à 128. mo. deux qu.
Sept Dimin. 128. à 75. pl. un qu.
Octave Dim. 48. à 25. mo. un qu.
Octave Sup. 25. à 12. pl. un qu.

Methode pour trouver sur le Monocorde les Sons Alterez du Sisteme Chromatique Temperé cy-dessus.

J'ajoûte un quart à ré QB. par R.
J'ay RB. sonnant SI Bemol.
Je retranche un cinquiéme de RE'. GB. par S.
J'ay SB. sonnant FA Diéze.
Je retranche un cinquiéme de LA. NB. par T.
Je double TB. par V.
J'ay VB. sonnant UT. Diéze.
Je retranche un cinquiéme de MI. DB. par X.
J'ay XB. sonnant SOL. Diéze.
J'ajoûte un quart à SOL. KB. par Y.
J'ay YB. sonnant MI Bemol.

Aprés avoir determiné les Raisons de tous les Intervalles du Sisteme Chromatique Temperé cy-dessus, & aprés avoir donné la methode de les trouver sur le Monocorde, j'accorde un Clavecin ordinaire selon ces mêmes Raisons, en commençant par ce qu'on appelle *faire la Partition du Clavier*, & pour m'assûrer si toutes les Raisons selon lesquelles j'ay accordé le Clavecin ordinaire sont agréables à mon oreille, je forme toutes sortes d'Harmonies; je trouve que le Clavecin est d'accord, & que la Partition est tres-bonne.

Ie vais plus loin, je forme ces mêmes Harmonies sur ce qu'on appelle Modes Transposez, je remarque que le SI, le FA diézé, & plusieurs autres n'ont point de Tierces majeures, & que le FA, le SI Bemolizé, & plusieurs autres n'ont point de Tierces mineures.

Le remede seroit d'ajoûter au Clavecin autant de cordes qu'il y a de Sons qui n'ont point de Tierces majeures, ou de Tierces mineures; mais outre que ces cordes ajoûtées qu'on appelle *Feintes coupées*, sont embarrassantes, & empêchent de bien toucher, je m'éloignerois du but que je me suis proposé, qui est de trouver les Raisons des Intervalles du Clavecin ordinaire, qui n'a que douze Sons differents dans l'étenduë d'une Octave.

Je sçay que dans les Modes Transposez par Bemol, on se sert du SOL diézé pour la Tierce mineure de FA, mais le SOL diézé de mon Clavecin, qui dans les Modes Naturels est Seconde Superfluë de FA, me paroît de beaucoup trop bas dans les Modes Transposez par Bemol, lors qu'il est employé comme Tierce mineure du mesme FA.

Je sçay aussi que dans les Modes Transposez par Dieze, on se sert sur les Clavecins ordinaires de mi Bemolizé pour la Tierce majeure de SI; mais le mi Bemolizé de mon Clavecin, qui dans les Modes Naturels est la Quarte Diminuée de SI, me paroît de beaucoup trop haut dans les Modes Transposez par Diéze, lorsqu'il est employé comme Tierce majeure du même SI.

J'examine la Raison de la Seconde Superfluë, FA SOL diézé, je trouve qu'elle est temperé par moins, j'essaye à la temperer par plus, c'est à dire, à éloigner le SOL diézé du FA, afin qu'il soit plus suportable lorsqu'il sera employé comme Tierce mineure du mesme FA.

J'examine pareillement la Raison de la Quarte Diminuée, SI mi Bemol, je trouve qu'elle n'est point temperée, j'essaye à la temperer par moins, c'est à dire, à aprocher le mi Bemol du SI, afin qu'il soit plus suportable lorsqu'il sera employé comme Tierce majeure du mesme SI.

Aprés avoir tenté plusieurs temperamments, je me détermine à celuy qui suit, par ce qu'il est tel, que les Intervalles des Modes Transposez estant supportables, les Intervalles des autres Modes sont éloignez le moins qu'il est possible de leur justesse n turelle, ce qui le rend meilleur & plus en usage qu'aucun autre.

SISTEME CHROMATIQUE
Temperé par rapport aux Modes Naturels & aux Modes Transposez.

ut 450.

SI 480.

SI ♭ 500. pl. trois cinquiéme de 81. à 80.

LA 540. mo. deux cinq.

SOL ✕ 576. mo. deux cinq.

SOL 600. pl. un cinq.

FA ✕ 648. mo. quatre cinq.

FA 675. mo. un cinq.

MI 720. mo. un cinq.

MI ♭ 750. pl. deux cinq.

RE' 810. mo. trois cinq.

UT ✕ 864. mo. trois cinq.

UT 900.

Il eſt aiſé de trouver les Raiſons des Intervalles de ce Siſteme Temperé par rapport aux Modes Naturels & aux Modes Tranſpoſez Et la Methode que j'ay donnée cy-devant pout trouver les Sons Naturels & Alterez du premier Siſteme Chromatique, peut ſervir pour trouver les Sons de ce 2. Siſteme, c'eſt pourquoy je n'en parleray pas.

J'accorde le Clavecin ſelon les Raiſons de ce 2. Siſteme temperé, je trouve que c'eſt préciſément la Partition du Clavecin ordinaire, & qu'elle eſt excellente pour les Modes Naturels & pour les Modes Tranſpoſez ce que je m'éſtois propoſé de trouvet.

J'ay fixé les Diviſions cy-deſſus ſur le Monocorde, & en y ajoûtant ce qu'on verra cy-aprés dans la Deſcription que j'en donne, j'en ai fait un Inſtrument nouveau que j'appelle SONOMETRE, dont on peut voir l'utilité & la neceſſité dans ce qui ſuit.

Utilité & neceſſité du SONOMETRE.

De tous les Inſtrumens à Cordes; le Clavecin eſt le plus difficile à accorder, tant à cauſe qu'il a plus de cordes qu'aucun autre, que parce qu'il faut temperer la pluſpart de ſes Accords, en élevant de certains Sons, & en baiſſant d'autres de quelque choſe plus que leur juſteſſe naturelle, ce qu'on appelle faire la Partition du Clavier, laquelle eſt ſi difficile, que les plus habiles Muſiciens, ceux mêmes qui joüent de cet Inſtrument ne ſçauroient la bien faire qu'aprés en avoir acquis l'habitude par une pratique de pluſieurs années; outre une bizarrerie qui vient quelquefois du lieu, quelquefois de l'Inſtrument, quelquefois même de la diſpoſition où ſe trouvent en certains momens ceux qui accordent, laquelle empêche le plus ſouvent ceux qui ont le plus d'habitude de trouver aiſément ce temperamment.

Le Sonometre leve toutes ces difficultez, & preſentement toute perſonne qui n'auroit jamais accordé de Clavecin, pourvû qu'elle ait aſſez d'oreille pour mettre une corde à l'Uniſſon & à l'Octave d'une autre, pourra du premier coup avec cet Inſtrument, accorder le Clavecin, auſſi juſte, plus facilement & en moins de temps que ceux qui l'accordent par la maniere ordinaire.

Ce n'eſt que ſur l'approbation de pluſieurs perſonnes tres-habiles, qui l'ont examiné, & qui en ont fait l'experience que je le donne au Public ſous le bon plaiſir de Sa Majeſté, qui a eu la bonté de me donner la Permiſſion & le Privilege de le débiter à l'excluſion de tous autres

Cet Inſtrument ſera tres-utile à tout le monde, même à ceux qui ſçavent bien accorder, car ils ſeront ſeurs d'accorder toûjours de la meſme maniere, plus juſte, plus viſte & ſans tâtonner ; Il eſt abſoluëment neceſſaire à ceux qui ne ſçavent pas accorder, & particulierement pour les perſonnes qui ſont à la Campagne, ou dans des Maiſons Religieuſes.

Deſcription du SONOMETRE.

LE Sonometre eſt une eſpece de Monocorde, c'eſt à dire un Inſtrument à une ſeule corde, fait & diſpoſé pour accorder plus facilement le Clavecin.

Il eſt long de 3. pieds 10. pouces. large de 4. pouces, couvert d'une Table de ſapin.

Le fond & les coſtez ſont de quel bois l'on veut, mais ordinairement de Sapin.

A l'un des bouts eſt une pointe de fer enfoncée dans

l'épaisseur du bord; à quatre pouces 6. lignes de ce même bout est un chevalet collé sur la Table.

A un pouce six lignes de l'autre bout est encor un chevalet collé sur la Table; à 9. lignes du bord de ce bout est une cheville de fer enfoncée dans un sommier qui est sous la Table.

On attache une corde de laton à la pointe de fer, on la bande sur les deux chevalets tant & si peu que l'on veut par le moyen de la cheville de fer, au tour de laquelle elle est entortillée.

Les deux chevalets sont faits comme deux triangles rectangles, & posez à angles droits en dedans, longs d'un pouce chacun, haut de 7. lignes & 4. lignes d'assiette.

La corde d'un chevalet à l'autre a 3. pieds 4. pouces de longueur, qui est la mesure ordinaite de C sol ut du Clavecin à l'Octave au dessous de la Clef de C.

Dans le corps de l'Instrument à 4. pouces du chevalet de la pointe de fer, est pratiquée une touche avec son sautereau pour faire sonner la corde; la touche est percée d'un petit trou pour y passer un fil.

Au dessous de la corde est une regle de poirier ou autre bois bien uni, longue d'un pied onze pouces, épaisse de 5. lignes & large de 2. pouces, collée sur la Table au pied du chevalet de la cheville de fer; dessus cette regle en travers sont creusées douze raînures à queuë d'Ironde, large de 6. lignes, & de 2. lignes de profondeur; chaque raînure a sa coulisse qui entre aisément & avec justesse dans sa rainure; chaque coulisse est longue de 2 pouces 4. lignes; sur chaque coulisse est collé un petit chevalet de 2. lignes de haut, dont le coupant a 4. lignes de large & est précisément à fleur de la corde.

On a un plomb d'une demi-livre pesant ou environ, fait de maniere, que quand il est posé il presse la corde contre le coupant du petit chevalet sans la forcer, seulement pour l'empêcher de friser, & pour la mieux faire sonner.

Ces douze coulisses sont situées de maniere que la corde peut estre divisée en douze differents endroits, tels qu'il faut pour former les douze Sons differents du Clavecin, suivant les Raisons de nostre nouveau Sisteme Temperé, & cela successivement, en avançant tour à tour les coulisses sous la corde, & en les retirant selon le Son qu'on veut former, en mettant un plomb sur la corde pour l'empêcher de friser.

Le Sonometre tel que je viens de le décrire est le meilleur pour accorder le Clavecin, à cause que les Sons n'étant ny trop haut ny trop bas, l'oreille en sent plus aisément les moindres differences, mais d'un autre costé il est moins portatif & plus embarrassant à cause de sa grandeur. J'en ay fait faire à cause de cela un plus petit. Je vais presentement donner l'usage du grand, c'est à dire, la maniere de s'en servir, je donneray ensuite la description du petit, & son usage.

Usage du grand SONOMETRE, *& maniere de s'en servir.*

AYez un tuyau qui sonne C sol ut; accordez la corde à vuide du grand Sonometre au Ton de C sol ut.

Placez le grand Sonometre sur les bords du Clavecin, en sorte qu'il couvre les chevilles, excepté celles du grand Clavier.

Prenez de la main gauche le fil qui est attaché à la touche du Sonometre.

Prenez de la main droite le marteau à accorder, sonnez de

de la main gauche, le C sol ut du grand Clavier à l'Octave au dessous de la Clef d'F, & l'accordez à l'Unisson de la corde à vuide du Sonometre.

Avancez la coulisse Ut ✗ sous la corde, mettez le plomb, sonnez Ut ✗ du Clavecin, & l'accordez à l'Unisson de l'Ut ✗ du Sonometre.

Avancez la coulisse Ré, mettez le plomb, sonnez Ré du Clavecin, & l'accordez à l'Unisson du Ré du Sonometre.

Avancez la coulisse Mi ♭, &c. ainsi de suite, jusqu'à l'Octave du premier ut que vous accorderez.

Examinez si vous avez bien accordé, & c'est ce que j'appelle faire la preuve, & pour cela retirez la derniere coulisse ut, & mettez le plomb derriere la coulisse SI; sonnez le Si du Clavecin & du Sonometre, s'ils sont d'accord laissez-les, sinon ajustez.

Retirez la coulisse Si, mettez le plomb derriere la coulisse Si ♭, ajustez s'il le faut, ainsi de suite en retrogradant jusqu'à l'Ut à vuide.

Accordez le bas du Clavier, & le mettez à l'Octave au dessous des Sons que vous avez accordez; accordez le haut à l'Octave au dessus.

Cela supose, comme il est aisé de voir que la personne qui accorde ait assez d'oreile pour mettre une corde à l'Unisson & à l'Octave d'une autre, car avec rien, on ne peut rien faire.

Dimension du petit SONOMETRE.

LE petit Sonometre n'est different du grand qu'en ce qu'il est beaucoup plus petit, & que sa corde à vuide sonne G ré sol à la Quarte au dessous de la Clef de C sol ut.

Il eſt long de 2. pieds deux pouces.

Large de trois pouces.

Haut d'un pouce 8. lignes.

Les grands chevalets fixes ont 7. lignes de haut, long d'un pouce, & large par le bas de ſix lignes.

Le chevalet du coſté de la pointe eſt collé à un pouce du bord, & la cheville eſt enfoncée dans l'épaiſſeur du bord.

La corde d'un chevalet à l'autre à un pied 10. pouces 6. lignes, qui eſt la meſure ordinaire de G ré ſol ut du Clavier, d'une Quarte au deſſous de la Clef de C.

La Touche & le Sautereau ſont à deux pouces du chevalet de la pointe de fer.

La Regle à raînure eſt longue d'un pied 1. pouce, épaiſſe de 5. lignes, larges de 2. pouces.

Le reſte eſt comme dans le grand Sonometre, ſelon les dimenſions qui luy conviennent.

Uſage du petit SONOMETRE, *&* *maniere de s'en ſervir.*

AYez un tuyau qui ſonne G ré ſol.

Accordez la corde à vuide du petit Sonometre au Ton de G ré ſol.

Placez le petit Sonometre ſur le petit Clavier du Clavecin ou ſur la Barre du Clavier.

Prenez de la main gauche le fil qui eſt attaché à la touche du Sonometre.

Prenez de la main droite le marteau à accorder.

Sonnez de la main gauche le G. ré ſol du grand Clavier à la quarte au deſſous de la Clef de C. & l'accordez à l'Uniſſon de la corde à vuide du petit Sonometre.

Avancez la couliſſe Sol ♯, ſous la corde, mettez le plomb, ſonnez ſol ♯ du Clavecin & l'accordez à l'Uniſſon du Sol ♯ du Sonometre.

Avancez la couliſſe La, mettez le plomb, ſonnez le La du Clavecin, & l'accordez à l'Uniſſon du La du Sonometre.

Avancez la couliſſe, Si ♮, &c. ainſi de ſuite juſqu'à l'Octave du premier Sol, que vous accorderez.

Examinez ſi vous avez bien accordé, c'eſt à dire, faire la preuve.

Retirez la derniere couliſſe ſol, & mettez le plomb derriere la couliſſe du fa ♯, ſonnez le fa ♯ du Clavecin & du Sonometre, s'ils ſont d'accord laiſſez-les, ſinon ajuſtez.

Retirez la couliſſe fa ♯, mettez le plomb derriere la couliſſe fa, &c.

Accordez le bas & le haut du Clavier.

Autre maniere plus courte d'accorder avec le grand SONOMETRE.

ACcordez le C ſol ut du Clavecin à l'Uniſſon de l'Ut du Sonometre.

Accordez le Ré.

Accordez le Mi,

Accordez le Fa ♯.

Accordez le Sol ♯.

Accordez le Si ♮,

Accordez, les Octaves d'en haut d'Ut, Ré, Mi, Fa ♯, Sol ♯ Si ♮.

Accordez l'Octave en bas de Si ♮; faites la preuve en retrogradant.

Accordez d'oreille le Sol, & faites que la neuviéme UT, ré soit partagée par le Sol en deux Quintes égalles.

Accordez d'oreille le La, & faites qua la neuviéme Ré, mi soit partagée par le La en deux Quintes égalles.

Accordez d'oreille le Si, & faites quela neuviéme Mi, fa X soit partagée par le Si en deux Quintes égalles.

Accordez d'oreille le Fa, & faites que la neuvieme Si ♭, ut soit partagée par le Fa en deux Quintes égalles.

Accordez d'oreille le Mi ♭.

Autre maniere plus courte d'accorder avec le petit SONOMETRE.

Accordez le G ré sol du Clavecin à l'unisson du petit Sonometre.

Accordez le La.

Accordez le Si.

Accordez l'ut X.

Acccordez le mi ♭.

Accordez le fa.

Accordez le sol X.

Accordez les Octaves au dessous de Sol, de La, de Si, d'ut X, demi ♭, de fa, de sol X.

Accordez d'oreille le ré, & faites que la neuviéme Sol la, soit partagée par le ré en deux Quintes égalles.

Accordez d'oreille le mi, & faites que la neuviéme La si, soit partagée par le mi en deux Quintes égalles.

Accordez d'oreille le fa X, & faites que la neuviéme Si ut X soit partagée par le fa X en deux Quintes egalles.

Accordez d'oreille, le si ♭ & faites que la neuviéme mi ♭ fa soit partagée par le si ♭ en deux Quintes égalles.

Accordez d'oreille l'ut, & faites que la neuviéme fa sol, soit partagée par l'ut en deux Quintes égalles.

FIN.

www.ingramcontent.com/pod-product-compliance
Lightning Source LLC
LaVergne TN
LVHW052012160826
845678LV00003B/1022

* 9 7 8 2 3 2 9 6 5 8 4 9 0 *